¿Qué desayunamos?

Chris MacCaulay

El desayuno te da energía.
¿De dónde viene?

Aquí hay moras.
Con moras preparas jalea.

Aquí hay vacas.
Ellas nos dan leche.

Aquí hay mantequilla.
Viene de la leche.

Aquí hay un naranjal.
Con las naranjas
preparas jugo.

Aquí hay una gallina.
La gallina pone huevos.

Mira de nuevo las páginas.
¡Elige tu desayuno!